W0270631

Susanne Hühn

Die Heilung des Inneren Kindes

Sich im Herzen berühren lassen

Begleitbuch zu den

49 Karten

Schirner Verlag

Wir verzichten auf das Einschweißen unserer Kartensets – **UNSERER UMWELT ZULIEBE!**

ISBN 978-3-89767-848-4

Susanne Hühn
Die Heilung des Inneren Kindes
Sich im Herzen berühren lassen

10. Auflage Oktober 2020

Umschlag und Box: Murat Karaçay, Schirner
Redaktion: Katja Hiller, Schirner
Satz: Silja Bernspitz & Katja Hiller, Schirner

Printed & bound by Ren Medien GmbH, Germany

www.schirner.com

Inhalt

Vorwort

Die Zauberkraft unseres Inneren Kindes können wir nur erfassen, wenn wir erlauben, im Herzen berührt zu werden. Es ist ein Seelenaspekt, der in aller Unschuld, Magie und Zärtlichkeit auf Erden und in deinem Herzen wirken will. Das Reich des Inneren Kindes ist magisch, es ist die Welt der inneren Bilder, der Symbole und der Verzauberung.* Die Inneren Kinder wirken nicht irgendwie im Verborgenen, sie zeigen sich ganz direkt, als Eingebung, Gefühl, Gedanken – durch alles, was uns berührt, uns mit Sehnsucht, Freude oder Lebendigkeit erfüllt. Um diese Kraft bewusst zu erleben, arbeiten wir mit Ich-darf- und Ich-kann-Botschaften, wir verändern die innere Wirklichkeit. Es kann sein, dass wir auf der Verstandesebene nicht genau erfassen können, was dadurch im Inneren geschieht, aber das brauchen wir auch nicht, es ist tatsächlich magisch. Die Affirmationen dieses Sets wollen dir dabei helfen, dich sanft an das zu erinnern, was du tief in deinem Inneren trägst, aber im Alltag vielleicht vergessen hast – damit du die Kraft des Inneren Kindes bewusst zu spüren beginnst.

Ziehe einfach immer dann eine Karte, wenn du das Gefühl hast, dass dein Inneres Kind dir etwas sagen möchte. Du kannst eine Karte auch dann wählen, wenn du erfahren möchtest, was gerade in diesem Moment wichtig für dich sein könnte – du wirst sicherlich überrascht sein!

Mögen diese Karten dir dienen, dein Licht, deine Liebe und deine Fülle zur Erde zu bringen. Danke dafür, dass du da bist.

*Zum Verständnis: An dieser Stelle sollen ein paar Worte zur klaren Unterscheidung folgen: Es gibt sehr hilfreiche Therapien, in denen das sogenannte Innere Kind nach und nach älter wird, bis es uns schließlich als erwachsener, gereifter Anteil mit seiner geheilten Kraft zur Verfügung steht. Auch mir hat dieser Ansatz eben sehr geholfen. Allerdings habe ich den Eindruck, dass es sich dabei nicht um das seelische Energiefeld »Inneres Kind« handelt, sondern um Persönlichkeitsanteile, die erwachsen werden dürfen und sollten. Es fühlt sich anders an. Das Innere Kind, das erwachsen werden darf, bin ich selbst, ich – die Person Susanne –, während das seelische Energiefeld »Inneres Kind« ein eigenes spirituelles Wesen mit besonderen Bedürfnissen und Empfindungen und einer eigenen Weisheit ist. Die Botschaften der Karten stammen vom wahrhaft spielerischen, unschuldigen, kindlichen und äußerst feinfühligen Anteil in uns, der nicht erwachsen werden kann und auch nicht erwachsen werden muss. Das Innere Kind ist ein Aspekt deiner Seele. Es braucht Schutz, Geborgenheit und Heilung, einen inneren Raum, in dem es seinen Zauber entfalten kann. Das Innere Kind, das die unterschiedlichen Reifegrade unserer Persönlichkeit widerspiegelt, würde ich eher als »du selbst als Kind« bezeichnen. Es steht für deine, in bestimmten Anteilen noch nicht gereifte Persönlichkeit. Das Innere Kind, das in diesem Kartenset zu Wort kommt, ist ein unermesslich empfindungsreiches, wahrhaftiges und spirituelles inneres Wesen, das wir alle in uns beherbergen.

Die Botschaften der Karten

1

Wenn jemand gemein zu dir ist, dann darfst du weinen, und du brauchst nicht mehr zu der Person zu gehen.

Beschütze das unschuldige, vertrauensvolle Kind in deinem Inneren, es ist eine deiner wichtigsten Kräfte.

Klingt dir das zu einfach? Nun, für das Innere Kind ist es die Wahrheit. Es gibt keinen vernünftigen Grund, sich schlecht behandeln zu lassen, aber es gibt eine Menge unvernünftiger und angstbesetzter Gründe. Du darfst dich selbst beschützen. Wenn du diese Karte ziehst, dann kann es sein, dass du irgendetwas ein bisschen zu lang ausgehalten und deine Trauer mit gedanklichen Ausreden kontrolliert hast. Nur so war es dir wahrscheinlich überhaupt möglich, die Situation zu meistern. Eine Situation zu meistern bedeutet, auf eine Weise mit ihr umzugehen, die dir in keinem Bereich deiner Seele schadet, schon gar nicht im so wichtigen und unschuldigen Teil deines Inneren Kindes. Erlaube es deinem Inneren Kind zu weinen, und übernimm die Verantwortung und Fürsorge für sein Wohlergehen. Schicke es entweder spielen, wenn du in gefährliche Situationen gehst, oder meide diese Situationen ganz einfach. Auch das Vermeiden ist ein Werkzeug für den Umgang mit Schwierigkeiten. Nutze es, wenn du erkennst, dass du die Situation selbst nicht verändern kannst. Beschütze das unschuldige, vertrauensvolle Kind in deinem Inneren, es ist eine deiner wichtigsten Kräfte.

2 Nimm dir Zeit, einfach einmal nichts zu tun, sondern nur den Wolken zuzuschauen und Blumen zu pflücken.

Dein Inneres Kind braucht ab und zu Zeit zum Träumen, damit es seine Leichtigkeit, seine Verspieltheit und seine Fantasie in dein Leben hineinweben kann.

Bestimmt bist du, wie so viele Menschen, immer beschäftigt und hast sehr viel Arbeit. Kann das sein? Dein Inneres Kind braucht ab und zu Zeit zum Träumen, damit es seine Leichtigkeit, seine Verspieltheit und seine Fantasie in dein Leben hineinweben kann. Diese Karte zeigt dir, dass nun der Zeitpunkt gekommen ist, etwas zu verändern und zu empfangen, das Tun sein zu lassen und ins Geschehenlassen hineinzugleiten. Das mag dir sicherlich schwerfallen, aber dein Inneres Kind weiß, wie es träumen kann. So erlaube dir selbst, die Arbeit oder deine Beschäftigungen einmal für fünf Minuten ruhen zu lassen und dir Raum zu geben. Verstehe, dass die Inspirationen, d.h. das Licht, das durch dich zur Erde kommen will, Gelegenheit brauchen, sich dir zu zeigen. Das geht nur, wenn du dich ihnen öffnest und Zeit verbringst, in der du bewusst nichts tust und dich treiben lässt. Das ist so, als würdest du der Schöpfung zuhören und dich deinen Impulsen hingeben, ohne gleich Ergebnisse zu erwarten. Genieße den Moment. Wenn dir das schwerfällt, dann lasse dich von deinem Inneren Kind in diese Qualität hineinführen.

3 Habe nicht so viel Angst, sondern gehe hinaus und mache einfach, was dein Herz will.

Dein Inneres Kind freut sich auf all den Spaß und die spannenden Dinge, die auf dich warten. Es weiß, dass es in dir sicher und geschützt ist, weil du gut auf es aufpassen kannst.

Blockierst du dich häufig selbst? Weißt du genau, wie dein nächster Schritt aussehen könnte, aber du gehst ihn nicht, weil du Angst hast? Meist steckt hinter der Angst ein viel tieferes Gefühl: die Scham oder die Sorge davor, zurückgewiesen oder ausgelacht zu werden. Möchtest du schon seit Jahren etwas lernen oder erleben, traust dich aber nicht? Jetzt wird es Zeit, deine Angst zu überwinden, das Innere Kind in den Arm zu nehmen und den inneren Erwachsenen handeln zu lassen. Dein Inneres Kind kann und darf nicht mehr zurückgewiesen werden, dein innerer Erwachsener kann es beschützen. Er hat auch den Mut und die Kraft, mit eventuellen Niederlagen oder unsicheren Situationen umzugehen. So verstecke dich nicht hinter Ausreden, sondern gib zu, dass du Angst hast – lasse dich aber nicht von dieser Angst bestimmen. Du kannst sie spüren, aber sie sollte nicht deine Handlungsgrundlage bilden. Dein Inneres Kind freut sich auf all den Spaß und die spannenden Dinge, die auf dich warten. Es weiß, dass es in dir sicher und geschützt ist, weil du gut auf es aufpassen kannst.

4 Wenn dir etwas keinen Spaß macht, dann höre auf damit.

Wenn du keinen Spaß an einer Sache hast, bedeutet dies, dass du nicht deiner Bestimmung folgst, denn die Erfüllung deines Seelenplans bringt dir immer Spaß.

Natürlich sagt sich so etwas leicht. Dein Inneres Kind will dich daran erinnern, dass du in dieser Situation nicht durchhalten solltest, sondern dich ernsthaft fragen darfst, ob das, was du tust, wirklich deiner Erfüllung dient. Selbstverständlich müssen wir alle einige Schwierigkeiten auch einmal aushalten und meistern. Wenn du diese Karte ziehst, darfst du allerdings loslassen und dich fragen, ob du dich in einer Sackgasse befindest. Glaubst du, etwas tun zu müssen, das dir nicht entspricht und dich nicht weiterbringt? Du darfst die Aufforderung dieser Karte durchaus ernst nehmen! Die Erfüllung deines Seelenplans bringt dir Spaß. Du spürst, dass du erfüllt und zufrieden bist, wenn du das tust, wozu du auf der Erde bist. Bist du unzufrieden und unerfüllt, hast du also keinen Spaß, dann folgst du nicht deiner Bestimmung. Dein Inneres Kind als Hüter deiner Seelenkraft erinnert dich daran, dass du vielleicht einen für dich nicht ganz stimmigen Weg gehst, wenn du keine Freude verspürst – und dass du einen anderen Weg gehen darfst.

5 Gehe zu Menschen, die dich umarmen, dich lieb haben und denen du deine Liebe uneingeschränkt zeigen kannst und darfst.

Dein Inneres Kind möchte seine Liebe frei zeigen. Öffne dich dafür, mehr Liebe in deinem Leben fließen zu lassen, auch wenn du noch nicht weißt, wo du das tun kannst oder woher die Liebe kommen kann.

Das magische Innere Kind ist ein Seelenaspekt voll reiner Liebe und Unschuld, und diese Qualitäten will es dir bringen. Es glaubt an die Magie des Augenblicks und will seine Liebe und Freude in die Welt fließen lassen. Du brauchst nur den Raum und die Gelegenheiten, diese Liebe frei zu zeigen.

Jedes Mal, wenn deine Liebe und Zärtlichkeit zurückgewiesen werden, zieht sich dein Inneres Kind in sich selbst zurück und wird weniger spürbar für dich. Der Fluss deiner Liebe strömt zwar weiter, aber nur unterirdisch. Er nährt weder dich noch andere, weil er sich versteckt. Wenn du diese Karte ziehst, dann kann es gut sein, dass du mehr Möglichkeiten brauchst, dein Herz frei zu öffnen. Du weißt vielleicht nicht, wo du das tun kannst. Der erste Schritt ist, erst einmal zu erkennen, dass du möglicherweise an einer »emotionalen Unterkühlung« leidest. Frage dein Inneres Kind, wo es sich wohl und sicher fühlt und bei welchen Menschen bzw. in welchen Situationen es sich verstecken muss. Öffne dich dafür, mehr Liebe in dein Leben fließen zu lassen, auch wenn du noch nicht weißt, woher sie kommen kann. Menschen, bei denen du kälter und distanzierter agieren und erscheinen musst, als du dich fühlst, tun dir nicht gut. Du solltest diese Situationen, soweit es dir möglich ist, vermeiden. Ein wenig Handlungsspielraum hast auch du und du darfst ihn ausloten und nutzen. So wird er immer größer.

6 Sei auch einmal einfach albern, und höre nicht immer darauf, was die anderen sagen oder ob das, was du tust, allgemein erlaubt ist.

Wenn dir etwas Freude bereitet, deine Energie erhöht und mehr Licht und Liebe in die Welt bringt, dann ist es aus geistiger Sicht auch erlaubt.

Traust du dich, wirklich die Verantwortung für dein Handeln zu übernehmen, auch wenn es vielleicht nicht immer den geltenden Vorschriften – gesellschaftlich, familiär oder durchaus auch rechtlich – entspricht? Oder lebst du in Angst vor Strafe, z.B. vor Liebesentzug? Bist du innerlich frei genug, dem zu folgen, was sich lebendig und klar anfühlt, oder machst du die Dinge meist so, wie man sie eben macht? Dein Inneres Kind fordert dich natürlich nicht auf, unerlaubte Dinge zu tun. Es bittet dich mit dieser Karte, nach ihm zu schauen, nach dem Strom der geistigen Gesetze und nach dem Strom der Freude. Wenn dir etwas Freude bereitet, deine Energie erhöht und mehr Licht und Liebe in die Welt bringt, dann ist es aus geistiger Sicht auch erlaubt. Dein Inneres Kind bittet dich, die geistigen Gesetze über die von Menschen gemachten Gesetze zu stellen, in Anbindung an das Herz zu handeln und dich nicht von unausgesprochenen Verträgen binden zu lassen, die nur deine Kraft unterdrücken und kontrollieren wollen. Es geht darum, das Urteil der anderen nicht dazu zu benutzen, wie ein vor Angst zitterndes Kaninchen im Bau zu verharren, und dann zu klagen, dass du dein Leben nicht lebst. Es kann sein, dass du nicht mehr genau weißt, wie es sich anfühlt, einfach deinem inneren Fluss der Freude zu folgen. Dazu fordert dich diese Karte auf. Spüre, jetzt, in diesem Moment, was dir in den Sinn kommt, und mache es einfach, egal wie komisch du dich dabei fühlst. Gib den spontanen, verrückten, aufregenden und unvorhersehbaren Impulsen in dir Raum. Schreibe eine Liste mit Dingen, die du gern tun würdest, wenn du die Botschaft deines Inneren Kindes annimmst – damit die Quelle deiner Lebendigkeit wieder frei sprudeln kann.

7 Wenn du etwas nicht kannst, dann bitte um Hilfe. Erinnere dich daran, dass du nicht alles allein machen musst.

Richte deine Bitte um Hilfe an die geistige Welt. Sie ist immer für dich da, daran erinnert dich dein Inneres Kind.

Fühlst du dich in deiner Aktivität ein bisschen gelähmt, im Stich gelassen oder überfordert? Bist du es gewohnt, alles allein zu machen, weil sowieso niemand da ist, der dir hilft? Dein Inneres Kind bittet dich, dich zu öffnen. Wenn du Hilfe brauchst, dann bitte darum. Wende dich zunächst deinen

Schutzengel, wenn du an Engel glaubst, aber auch an deine Mitmenschen. Erlaube dir, wieder zu spüren, dass du nicht alles allein machen willst, selbst wenn du es könntest. Dein Inneres Kind zahlt einen hohen Preis dafür, dass du so unabhängig bist und handelst: Es fühlt sich einsam, überfordert und verlassen. Für das Innere Kind ist es vollkommen natürlich, um Hilfe zu bitten, wenn es etwas nicht kann, genauso wie es zunächst seine eigenen Kräfte ausprobiert. Alles allein machen zu müssen, lähmt dich oder macht dich wütend. Der erste Schritt, zu dem dich diese Karte auffordert, ist der, zuzugeben, dass du manchmal Hilfe brauchst. Du weißt womöglich nicht, woher sie kommen könnte und bist sehr enttäuscht. Richte deine Bitte um Hilfe an die geistige Welt. Sie ist immer für dich da, daran erinnert dich dein Inneres Kind. Vielleicht ziehst du diese Karte auch in einem ganz konkreten Zusammenhang. Dann erkenne, dass du dich unterstützen lassen darfst. Schicke das Innere Kind spielen, damit es nicht glaubt, deine Angelegenheiten regeln zu müssen. Öffne dich dann deinem Bedürfnis nach Unterstützung und schaue, wo du die Unterstützung findest. Vielleicht kommt sie aus einer anderen Richtung, als du es gern hättest. Nimm sie so an, wie sie dir das Universum zuteil werden lässt.

8 Ich darf meine Wünsche und Träume ernst nehmen.

Deine Träume sind die Perlen, die deine Seele auf die Erde streuen möchte, die Samen, aus denen wunderschöne Blumen und Bäume wachsen.

Bist du einer der Menschen, die zwar wundervolle Träume und Pläne haben, sie aber für Hirngespinste halten, die im realen Leben nichts zu suchen haben? Dein Inneres Kind bittet dich, deine Träume einmal zuzulassen und ernst zu nehmen. Es kann sein, dass du beim Verwirklichen deiner Träume ein paar Abstriche machen musst – nicht alles lässt sich direkt in Materie und Handlungen umsetzen. Natürlich begegnest du dabei allen irdischen Gegebenheiten: Geld spielt eine Rolle, auch Zeit, vielleicht bekommst du sogar Angst vor Enttäuschungen oder nichts läuft so richtig rund – und dennoch. Deine Träume sind die Perlen, die deine Seele auf die Erde streuen möchte, die Samen, aus denen wunderschöne Blumen und Bäume wachsen. Sie können andere nähren und beflügeln. Antoine de Saint-Exupéry sagte einmal, dass es genüge, uns gegenseitig an unsere Träume zu erinnern, um einander zu befreien. Dein Inneres Kind weiß das. Mit ihm findest du die Kraft, deine Träume in die Tat umzusetzen. Denn deshalb bist du doch auf der Erde, oder?

9 Ich darf in Leichtigkeit durch mein Leben tanzen.

Leben ist Hingabe, Freude und der kreative Tanz der Schöpfung mit sich selbst.

Glaubst du manchmal, das Leben müsse schwierig sein, voll harter Arbeit und ermüdender Aufgaben? Es mag dir so vorkommen, deshalb will dir dein Inneres Kind eine andere Möglichkeit der Wahrnehmung zeigen. Leben ist Hingabe, Freude und der kreative Tanz der Schöpfung mit sich selbst. Du darfst aufatmen, loslassen und Gott für dich tun lassen, was du selbst nicht tun kannst. Bei all der Transformation und der schöpferischen Arbeit, die du leistest, hast du vielleicht vergessen, dass es leicht sein darf. So lasse für heute einmal jede Anstrengung ruhen. Du brauchst nur das zu tun, was heute ansteht, denn diese Energie steht dir zur Verfügung. Den Rest lasse Gott selbst erledigen, in der Zeit, die er eben braucht. Dein Inneres Kind will dich daran erinnern, dass alles Leben von Gott erschaffen wurde, dass er seine Schöpfung liebt und sich deshalb gern darum kümmert. Diese Vorstellung mag für deinen inneren Erwachsenen sehr kindlich sein, aber genau deshalb brauchst du die Leichtigkeit und das Vertrauen deines Inneren Kindes in seinen Schöpfer. In dem Moment, in dem du loslässt und deine Vorstellungen aufgibst, entfaltet sich dein Leben so, wie es gedacht war. Das ist echte Hingabe. Sollst du deshalb aufhören, ein Schöpfer zu sein? Natürlich nicht. Aber das Schöpfen ist ein natürlicher Zustand, keine geistige Anstrengung oder ein Kraftakt des Willens. Ein kleiner, spielerischer Impuls genügt beim Schöpfen, ein Gedanke, ein »das wäre schön« – dann erlaube dem Leben, deinen Impuls in dein Leben zu tanzen.

10 Ich darf lieben, wen ich will.

Liebe ist einfach eine Energie, die aus deinem Herzen zu anderen strömt, und sie ist unbegrenzt.

Beschränkst du deine Liebe aus Vernunftgründen? Glaubst du, wenn jemand nicht gut für dich ist, müsstest du dir die Liebe zu ihm aus dem Herzen reißen? Oder meinst du, dass du endlich einen geliebten Menschen loslassen solltest, weil er dich verlassen hat oder gar gestorben ist? Dein Inneres Kind weiß es besser. Nicht jeder Mensch, den du liebst, ist in der Lage, eine Beziehung – Freundschaft oder Liebesbeziehung – mit dir zu führen, denn das hängt von den jeweiligen Seelenaufgaben ab. Aber du darfst ihn dennoch lieben. Du brauchst es nicht zu tun, aber du darfst es. Ganz besonders darfst du deine Eltern lieben, auch wenn sie dich sehr verletzt haben. Du fragst dich vielleicht, warum du das darfst. Dein Inneres Kind liebt sie, auch wenn du dich vielleicht nicht in ihrer Nähe aufhalten solltest und sie dir nicht guttun. Liebe ist einfach eine Energie, die aus deinem Herzen zu anderen strömt, und sie ist unbegrenzt. Das Gefühl Liebe sagt noch nichts über die tatsächliche Form einer Beziehung aus, und das braucht sie auch nicht. Liebe findet im Herzen statt, in einem Energiefeld voller Frieden, Licht und Hingabe. Beziehungen aber spielen sich auf vielen verschiedenen Ebenen ab. Es kann gut sein, dass du dich von einem bestimmten Menschen fernhalten solltest, wenn du diese Karte ziehst – die Liebe selbst aber braucht du dir nicht aus dem Herzen zu reißen. Verneige dich vor demjenigen, den du liebst, schicke ihm deine Liebe, aber lasse ihn dennoch seinen Weg gehen und gehe du deinen – dann wirst du in Frieden leben. Es kann auch sein, dass du dir aus Vernunftgründen eine Liebe auszureden versuchst, weil der Mensch nicht deinen Vorstellungen entspricht. Lasse dir von deinem Inneren Kind gesagt sein, dass es mit dem Herzen und nur mit dem Herzen schaut. Und das darfst auch du tun.

11 Ich darf Menschen, Situationen oder Dinge blöd finden.

Alles darf sein, wie es ist, aber du brauchst nicht alles zu mögen oder gar in dein Leben einzuladen.

Ja, wir sind spirituelle Wesen, und wir werten nicht, das heißt aber nicht, dass wir alles mögen müssen. Dein Inneres Kind bittet dich, ihm zu erlauben, Dinge nicht zu mögen, auch wenn du als Erwachsener durchaus beide Seiten der Medaille sehen kannst, also die verschiedenen Aspekte erkennst. Alles hat seine Berechtigung, aber nicht jede Energie passt zu uns. Wenn du diese Karte ziehst, dann bittet dich dein Inneres Kind, ihm zuzuhören. Es mag sein, dass du dich mit Angelegenheiten beschäftigst, Menschen in deinem Leben hast oder gute Miene zu einem Spiel machst, welche(s) dein Inneres Kind einfach nicht mag. Gibt es vielleicht Menschen in deinem Leben, die dir nicht guttun? Das Innere Kind hat seine Gründe, und meist sind sie berechtigt. Vielleicht glaubst du, dass du mit allem klarkommen musst, weil du den Weg des Lichts gehst. Doch manchmal bedeutet »klarkommen« einfach »nicht hingehen«. Alles darf sein, wie es ist, aber du brauchst nicht alles zu mögen oder gar in dein Leben einzuladen. So überprüfe bitte deine Umgebung, und schaue, ob es etwas gibt, das dir nicht guttut, selbst wenn du es verstehen oder akzeptieren kannst. Du brauchst nicht alles zu mögen und das kann sehr erleichternd sein. Wir werten nicht, weil alles ein Ausdruck des Lichts ist, ob es uns gefällt oder nicht. Aber wir wählen aus, was zu uns passt und was uns in unserer Kraft und auf unserem Weg unterstützt und dient.

12 Ich kann vergeben.

Dein Inneres Kind will dir sagen, dass es in Frieden sein möchte.

Wenn du diese Karte ziehst, dann gibt es möglicherweise Bereiche, in die du die Kraft der Vergebung einfließen lassen darfst. Es kann sein, dass du als Kind oder auch in letzter Zeit sehr verletzt worden bist, vielleicht sogar so sehr, dass du Teile von dir abgespalten hast. Es wird Zeit, diese Teile zu dir zurückzuholen, ins Licht zu schicken oder in die Dimensionen deiner Seele zu entlassen, in denen sie zu Hause sind. Es mag sein, dass du dir selbst vergeben solltest, um in Frieden deinen Weg fortzusetzen. Irgendwann ergibt es keinen Sinn mehr, am Groll festzuhalten, was auch immer dir das Leben zugemutet hat. Dein Inneres Kind will dir sagen, dass es in Frieden sein möchte, dass es den alten Groll loslassen und endlich spielen will. Lasse dich dabei unterstützen, wenn du das Gefühl hast, Hilfe zu brauchen.

13 Ich kann mich frei entfalten und so sein, wie ich bin.

Dein Inneres Kind will dich an die Natürlichkeit erinnern und daran, dass du einen Auftrag und eine Bestimmung hast.

Spielst du oft eine Rolle, verbiegst du dich, oder stellst du dich anders dar, als du bist? Du magst deine Gründe für dieses Verhalten haben, aber es wird Zeit, ein wenig aufrichtiger zu sein und dich zu zeigen. Dein Inneres Kind will dich an die Natürlichkeit erinnern und daran, dass du einen Auftrag und eine Bestimmung hast. Den Auftrag kannst du nur erfüllen, wenn du deine Energie so frei wie möglich fließen lässt – zumindest zunächst vor dir selbst! Wenn du diese Karte ziehst, dann hast du dich ein wenig zu weit von dir entfernt. Es wird Zeit, einen Schritt in eine andere Richtung zu machen und dich ernsthaft zu fragen, was du selbst willst.

14 Ich darf Angst haben und mir Sicherheit wünschen.

Du kannst deine Aufgaben frei und mutig erledigen, wenn das Innere Kind in Sicherheit ist.

Unterdrückst du deine Angst? Glaubst du, dass du immer stark und mutig sein und immer alles im Griff haben musst?

Das stimmt nicht, du darfst durchaus um Hilfe bitten. Wenn du nicht weißt, wen du bitten sollst, dann bitte einfach deinen Schutzengel, dir beizustehen. Wie oft glauben wir, dass wir alles allein machen müssen, weil wir es so gewohnt sind. Dein Inneres Kind bittet dich jetzt, seine Angst anzunehmen und es in Sicherheit zu bringen, an einen sicheren inneren Ort, an dem es geschützter ist als bisher. Du kannst deine Aufgaben frei und mutig erledigen, wenn das Innere Kind in Sicherheit ist. Es kann auch sein, dass du erkennst, dass die Situation selbst sehr unsicher ist. Dann wäre es eine gute Idee, sie zu vermeiden oder sich ihr bewusst zu stellen. Diese Karte weist dich darauf hin, zumindest nachzuprüfen, ob du dich in Sicherheit befindest.

15 Ich darf loslassen und weitergehen.

Das Innere Kind erinnert dich daran, dass du nicht alles zu Ende bringen musst, wenn es dich langweilt oder dir nicht guttut.

Glaubst du, dass du durchhalten, die Zähne zusammenbeißen und als Letzter das sinkende Schiff verlassen musst? Diese Karte will dich lehren, auch einmal loszulassen, Dinge hinter dir zu lassen und einen Neubeginn zu wagen. Das Innere Kind erinnert dich daran, dass du nicht alles zu Ende bringen musst, wenn es dich langweilt oder dir nicht guttut. Du darfst dich umdrehen und gehen, wenn du alles gegeben hast und keine Entwicklung oder keinen Erfolg erkennen kannst. Wenn du diese Karte ziehst, dann lausche bitte ganz ehrlich in dich hinein und stelle dir folgende Frage: Will ich wirklich so weitermachen? Wenn du die Frage verneinst, dann bitte deine Schutzengel darum, dir zu helfen, die Situation zu beenden. Diese Karte weist darauf hin, dass dies eine gute Idee sein könnte.

16 Ich kann mit den Sternen tanzen und das Lied der Schöpfung hören – und mich verwirklichen.

Höre schöne Musik, und erlaube deinem Inneren Kind zu tanzen. Webe all deine Wünsche und Träume in diesen Tanz, und hole dir die Sterne vom Himmel.

Diese Karte fordert dich zu einer praktischen Umsetzung auf. Hast du vergessen, dass du magische Kräfte hast und ein geliebtes Kind des Universums bist? Höre schöne Musik, und erlaube deinem Inneren Kind zu tanzen. Webe all deine Wünsche und Träume in diesen Tanz, und hole dir die Sterne vom Himmel. Schließe die Augen, und lasse dich vom Inneren Kind wiegen. Es weiß genau, auf welche Weise es sich ausdrücken will. Spüre seine magische Kraft, und nimm sie an. Erlaube dem Inneren Kind, sich zu zeigen und auszudrücken. Es tanzt sicherlich ganz anders, als du es gewohnt bist.

17 Ich bin ein Kind Gottes, frei, sicher und geliebt.

Es gibt nichts zu tun. Erlaube deinem Inneren Kind, dir das Gefühl ins Herz zu schicken, geborgen und sicher, aber auch frei zu sein.

Das Innere Kind weiß, dass es ein Sternenkind ist und sicher in Gottes Hand ruht und vollkommen geschützt ist. Das Leben fühlt sich oft nicht so an, aber diesen Kern in dir, diesen Schatz, darfst du nutzen, um dich in der Tiefe des Seins aufgehoben zu fühlen. Es gibt nichts zu tun. Erlaube deinem Inneren Kind, dir das Gefühl ins Herz zu schicken, geborgen und sicher, aber auch frei zu sein. Du brauchst dazu keine Übung. Erlaube dir nur, dass dir diese Qualitäten zufließen. Du beginnst – bereits während du diese Botschaft liest – sie zu spüren. Lasse das Gefühl zu. Das Innere Kind kommuniziert über das Herz und über das Gefühl, so fühle die Liebe, die Sicherheit und die Freiheit.

18 Ich kann meinem Herzen folgen und tun, was ich will.

Diese Karte möchte dich an diesen Weg erinnern und dir Mut machen.

Manchmal glauben wir, dass wir uns den äußeren Umständen beugen müssen, doch das Innere Kind weiß es besser. Wir sind hier, um den Himmel zur Erde zu holen, und du hast die Erlaubnis zu tun, was immer dein Herz will. Diese Vorstellung macht dir vielleicht Angst, und du weißt nicht, wie du sie umsetzen kannst. Diese Karte möchte dich an diesen Weg erinnern und dir Mut machen. Auch wenn du noch nicht genau weißt, wie dieses Wissen in dein Leben einfließen möchte, so darfst du dich doch bewusst dafür öffnen. Bitte dein Inneres Kind, seine Herzenskraft wirken zu lassen.

19 Ich bin das Licht, das Gott durch mich zur Erde sendet.

Atme ein und fühle – mehr gibt es nicht zu tun.

Erlaube dir, dieses Licht in dir zu spüren. An welchen Stellen deines Körpers kannst du es fühlen? Es gibt nichts zu tun, diese Karte möchte dich nur auffordern, in diesem Augenblick dieses Licht in dir zu erleben. Schließe für einen kurzen Moment die Augen, und erlaube dem Licht, sich zu zeigen. Wo spürst du es? Atme ein und fühle – mehr gibt es nicht zu tun.

20 Ich kann hell strahlen und leuchten, egal was passiert.

Lasse dich in dein eigenes Leuchten und Strahlen hineinfallen, und verlasse Situationen, die dir dein Strahlen zu rauben scheinen.

Glaubst du, dass deine Umgebung dich immer wieder runterzieht? Glaubst du, dass du dein Licht im Umgang mit anderen Menschen oder in bestimmten Situationen verlierst? Das mag sogar geschehen, aber nur, weil du es erlaubst. Das Innere Kind will dich daran erinnern, dass es Freude ist und dass es immer strahlt, so wie die Sonne immer leuchtet, selbst wenn Wolken am Himmel stehen. Lasse dich in dein eigenes Leuchten und Strahlen hineinfallen, und verlasse Situationen, die dir dein Strahlen zu rauben scheinen. Du musst nicht lernen, in diesen Situationen dennoch zu strahlen, du tust es von Natur aus. Aber du darfst die düsteren Energien verlassen, wenn du dein eigenes Licht nicht mehr spüren kannst.

21 Ich darf Liebe brauchen.

Erinnere dich daran, dass Kinder ganz selbstverständlich um eine Umarmung bitten oder sich in den Schoß eines geliebten Menschen kuscheln.

Verweigerst du dir manchmal den eigenen Wunsch, geliebt zu werden? Hältst du ihn gar für unangemessen? Nun, das ist er nicht. Das Innere Kind braucht Liebe, und das weiß es auch. Erinnere dich daran, dass Kinder ganz selbstverständlich um eine Umarmung bitten oder sich in den Schoß eines geliebten Menschen kuscheln. Liebe zu brauchen ist ein natürlicher Zustand, so, wie auch Liebe zu geben. Vielleicht weißt du nicht, woher die Liebe, die du brauchst, kommen soll. Der erste Schritt ist es, dir einzugestehen und zu erlauben, dass du die Liebe überhaupt brauchst. Dann kann sich dein Energiefeld für die Liebe öffnen und sie in dein Leben fließen lassen.

22 Ich darf dem Leben vertrauen.

Es gibt eine Kraft, die dich trägt, eine Kraft in deinem Inneren, nach der du dich sehnst und die nur darauf wartet, dich zu tragen.

Wir leben in einer Zeit voller Zynismus und Misstrauen, und es scheint klug zu sein, alles zu hinterfragen und übermäßig wachsam durch das Leben zu gehen. Doch dein Inneres Kind bittet dich, loszulassen und dich in Gottes Arme sinken zu lassen. Es gibt eine Kraft, die dich trägt, eine Kraft in deinem Inneren, nach der du dich sehnst und die nur darauf wartet, dich zu tragen. Du darfst die Anspannung loslassen und dich der Kraft des Lebens anvertrauen. Du hast eine innere Stimme und ein Gefühl, das dich vor Unklarheiten und Gefahren warnt. Höre auf sie, das hast du geübt. Und gerade weil du diese Stimme kennst, darfst du dich entspannen und dich dem Strom deines Lebens hingeben.

23 Ich darf verletzt sein.

Wenn du dir deine Verletzung eingestehst, dann erfährst du die heilsame Kraft des Trostes, sei es durch einen geliebten Menschen, die Kraft der Engel oder durch dich selbst.

Erlaubst du dir, enttäuscht, verletzt oder traurig zu sein? Oder hältst du diese Gefühle für Schwächen, für wenig erleuchtet? Oder sind sie so schmerzhaft für dich, dass du sie lieber unterdrückst und mental kontrollierst? Das Innere Kind ist manchmal einfach verletzt, es weint, und dann ist alles wieder gut. Wenn du dir deine Verletzung eingestehst, dann erfährst du die heilsame Kraft des Trostes, sei es durch einen geliebten Menschen, die Kraft der Engel oder durch dich selbst. Der Schmerz nagt in dir und lässt dich innerlich erstarren. Diese Karte will dich darauf hinweisen, dass es sein kann, dass du verletzt bist. Vielleicht hast du diese Verletzung längst von dir geschoben oder geistig verarbeitet, aber das Herz schmerzt noch. Lasse deine Verletzung bitte zu, und lasse dich trösten. Es geht vorbei, und wenn du dem Schmerz erlaubst, da zu sein, dann verschwindet er auch wieder. Erlaubst du ihm nicht, da zu sein, so bestimmt er dein Leben.

24 Ich darf mich öffnen und neu beginnen.

Bitte erlaube dir, dass die Frische und die Liebe des Inneren Kindes dich sanft erweckt und das innere Eis zum Schmelzen bringt.

Hältst du an altem Groll und Schmerz fest? Oder glaubst du, dass du eine Situation bis zum bitteren Ende durchstehen musst? Dein Inneres Kind sagt dir, dass alles leichter sein darf, du darfst weitergehen und neu beginnen. Wie ein Kind beim Laufen lernen hinfällt und einfach aufsteht und weiterübt, so darfst du deine vermeintlichen Niederlagen hinter dir lassen und von vorn beginnen. Du magst dich verschlossen haben, um nie wieder Schmerz zu spüren, doch die Kraft des Inneren Kindes hilft dir, voller Freude den Neubeginn zu wagen. Es mag Teile in dir geben, die dies weder wollen noch können. Bitte erlaube dir, dass die Frische und die Liebe des Inneren Kindes dich sanft erweckt und das innere Eis zum Schmelzen bringt.

25 Ich darf aufhören zu kämpfen.

Dein Inneres Kind bittet dich, in das Feld der Liebe, ins Herz, zu wechseln. Das geschieht ganz unspektakulär, du kannst es.

Hast du dich in einen Kampf verstrickt? Sei es ein Kampf um Liebe, Anerkennung, Erfolg, Fülle oder gar um Frieden – dein Inneres Kind bittet dich, ihn zu beenden. Diese Karte zeigt dir, dass du in der Lage bist, den Kampf zu beenden, die Erlaubnis dazu hast du bereits. Du glaubst vielleicht, alles bräche zusammen, wenn der Kampf vorbei wäre, oder dass du nie die ersehnte Trophäe erhalten würdest. Womöglich glaubst du sogar, dass das Leben nun einmal ein Kampf ist, oder du verwechselst Aufregung mit Liebe und Lebendigkeit? Das mag zutreffen, wenn du dich im entsprechenden Energiefeld aufhältst. Dein Inneres Kind bittet dich, in das Feld der Liebe, ins Herz, zu wechseln. Dies geschieht ganz unspektakulär, du kannst es. Dein Inneres Kind bittet dich, die innere »Kampfarena« zu verlassen und das, worum du kämpfst, loszulassen. Liebe, Erfolg, Glück und Anerkennung bekommst du nur geschenkt, es sind niemals die Preise, die der Sieger erhält. Fühle die Trauer darüber, dass du nicht bekommen hast, was du dir so sehnlich gewünscht hast und um das du so erbittert streitest – und dann verlasse die »Kampfarena«. Schaue hinter die Kulissen, und erkenne, dass dort alles längst auf dich wartet. Du warst nur zu sehr mit dem Kampf beschäftigt, um es zu bemerken.

26 Ich darf sagen, was ich brauche.

Dein Inneres Kind erinnert dich liebevoll daran, dass deine Wünsche und Bedürfnisse vollkommen in Ordnung sind.

Fällt es dir schwer, deine Wünsche und Bedürfnisse auszudrücken? Glaubst du vielleicht sogar, dass du gar kein Recht hast, etwas zu brauchen oder um etwas zu bitten? Dein Inneres Kind erinnert dich liebevoll daran, dass deine Wünsche und Bedürfnisse vollkommen in Ordnung sind. Wir können nicht erwarten, dass andere sie immer und sofort erfüllen, aber du hast die ausdrückliche Erlaubnis, deine Bedürfnisse zu spüren, zu erkennen und auszusprechen. Nimm dich selbst ernst, und sei, wie du bist. Du darfst aufhören, dich immer wieder infrage zu stellen. Wie ein Kind ganz selbstverständlich sagt, was es braucht und will, so darfst auch du mitteilen, was du brauchst, vor allem dir selbst gegenüber. Nur dann bist du in der Lage, dafür zu sorgen, dass du alles auch bekommst. Sprich deine Wünsche und deine Bedürfnisse aus, und gehe dorthin, wo die Erfüllung auf dich wartet.

27 Ich darf zeigen, was ich kann.

Weißt du noch, wie stolz und glücklich du als Kind warst, wenn dir etwas gelungen war?

Stellst du dein Licht unter einen Scheffel? Das tun wir alle, aber dein Inneres Kind möchte dir sagen, dass es Zeit wird, zu deinen Fähigkeiten und Qualitäten zu stehen. Vielleicht bist du eine exzellente Heilerin, ein begnadeter Maler, kennst dich wunderbar in der Welt der Steuern aus oder kannst zauberhaft singen – zeige es der Welt, denn die Welt braucht dich. Womöglich hast du nur Angst, du könntest egoistisch wirken, wenn du deine Fähigkeiten präsentierst, aber das stimmt nicht. Sicher bist du beschämt worden, wenn du als Kind stolz auf deine Leistungen warst, sie aber geschmälert und abgewertet wurden. Sicherlich sitzt auch in dir ein tiefer Schmerz darüber in deinem Herzen. Ein Kind zeigt seine Fähigkeiten aber nicht aus Geltungssucht, sondern aus purer Freude darüber, wozu es in der Lage ist, aus Glück, anderen etwas anbieten zu können und einen Beitrag zu leisten. Weißt du noch, wie stolz und glücklich du als Kind warst, wenn dir etwas gelungen war? Diesen Stolz und diese Freude darfst du wieder spüren, denn sie zeigen das Glück darüber, eine Aufgabe erfüllen zu können. Du hast einen seelischen Auftrag und es darf und sollte dich erfreuen, diesen Auftrag zu erfüllen. Zeige dich und erlaube nicht, beschämt zu werden. Gehe dorthin, wo du dich sicher und geliebt fühlst. Übe und zeige deine besonderen Talente in einem sicheren Raum.

28 Ich darf mir selbst vertrauen.

Wenn du in einer ruhigen Minute in dein Herz hineinhörst, dann kannst du sicher sein, dass du tatsächlich spürst, was für dich richtig ist.

Wahrscheinlich hast auch du einmal zu oft die Worte: »Ach, das bildest du dir doch nur ein.« gehört und deshalb vergessen, dass du einen inneren Wegweiser hast, der dir klar zeigt, was für dich stimmig ist und was nicht. Dein Inneres Kind will dich liebevoll darauf hinweisen, dass es genau weiß, was es will, fühlt und braucht. Es ist angeschlossen an die Weisheit der Liebe und an die Klarheit des Geistes. Diese Karte will dich dazu ermutigen, deinen Wahrnehmungen zu vertrauen. Etwas wahrzunehmen heißt, es für wahr zu nehmen, es zu glauben und ihm zu folgen. Es mag sein, dass du Angst hast, Fehler zu machen oder dir deine Wahrnehmungen und inneren Botschaften nur einzubilden. Wenn du in einer ruhigen Minute in dein Herz hineinhörst, dann kannst du sicher sein, dass du tatsächlich spürst, was für dich richtig ist. Vielleicht nimmst du es als inneres Wissen, besondere klare Gedanken oder einfach als angenehmes Körpergefühl wahr. Habe den Mut, dir selbst zu vertrauen. Wie ein Kind hinfällt, wieder aufsteht und einfach weitermacht, so folge auch du deinen Impulsen.

29 Ich darf Fehler machen.

Dein Inneres Kind bittet dich, ihm die Freiheit zu geben, Dinge auszuprobieren.

Bist du ein Perfektionist? Hast du Angst, dich zu irren und deshalb beschämt oder nicht mehr geliebt zu werden? Was würde sich ändern, wenn es keine Fehler gäbe, sondern nur Wege, die du gewählt hast? Dein Inneres Kind bittet dich, ihm die Freiheit zu geben, Dinge auszuprobieren. Es ist ein Zeichen von Fülle, dich zu entspannen und dir zu erlauben, zu üben. Du kannst sprechen, schreiben und auch lesen – all diese Fähigkeiten hast du durch Übung erworben. Du hast den Mut bewiesen, zu scheitern, aufzustehen und weiterzumachen. Diese Kraft fließt immer noch in dir, und du darfst ihr vertrauen. Erlaube deinem Inneren Kind ausdrücklich, sich irren zu dürfen, damit du selbst handlungsfähig bleibst. Sonst verharrst du im Zweifel und verpasst die wundervollen Gelegenheiten, die dir das Leben anbietet. Wenn du diese Karte ziehst, dann ist das möglicherweise gerade der

Fall. Weißt du, wer dich immer liebt, selbst wenn du Fehler machst? Es sind deine Seele, Gott und dein Schutzengel. Du erhältst alle Liebe dieser Welt.

30 Ich darf beschützen, was ich liebe.

Du brauchst nicht das Leid der Welt auf dich zu nehmen, aber dein Inneres Kind möchte seinen Schutz und seine Fürsorge in dein Leben fließen lassen.

Du weißt sicher viel über Coabhängigkeit und weißt, dass es nicht hilfreich ist, andere übermäßig zu schützen oder zu bemuttern. Es gibt aber auch einen gesunden und natürlichen Schutzinstinkt. Ein Kind verteidigt alles, was es liebt, hierin ist seine besondere Verletzlichkeit begründet. Die gute Kraft des Verteidigens darfst du wieder für dich annehmen, denn vielleicht warst du in der letzten Zeit zu sehr damit beschäftigt, andere ihren Weg gehen zu lassen, und hast dein mitfühlendes Herz verschlossen. Du hast deine Gründe für diese Verhaltensweise, aber sie schneidet dich vom Leben ab. Seinen liebevollen Beschützerinstinkten zu folgen, ist ein Ausdruck von Liebe. Vielleicht will dir diese Karte aber auch zeigen, dass es jemanden in deiner Umgebung gibt, der dich aus Liebe beschützen möchte, obwohl du das als Einmischung empfindest. Stoße diese Person nicht zurück, sondern danke ihr für die Liebe, die sie dir entgegenbringt. Bestehe aber darauf, deine eigenen Entscheidungen zu treffen. Setze dich ein für das, was dir am Herzen liegt, und wende dich nicht ab. Du brauchst nicht das Leid der Welt auf dich zu nehmen, aber dein Inneres Kind möchte seinen Schutz und seine Fürsorge in dein Leben fließen lassen.

31 Ich darf mich verteidigen.

Sich zu wehren ist ein natürlicher, kraftvoller und lebendiger Zustand, und du darfst diese Kraft für dich in Anspruch nehmen.

Ein Kind wehrt sich, wenn es angegriffen wird – so lange, bis es auf Liebesentzug trifft. Entzieht man einem Kind Liebe und Aufmerksamkeit, wenn es »Nein« sagt und seine Grenzen aufzeigt, dann wird es aufhören, sich zu verteidigen. Es wird beginnen, sich als Opfer zu fühlen, denn alles ist besser, als weiterhin die Erfahrung zu machen, nicht geliebt zu werden. Es mag sein, dass du dieses Muster sehr gut kennst, wenn du diese Karte ziehst. Sich zu wehren ist aber ein natürlicher, kraftvoller und lebendiger Zustand, und du darfst diese Kraft für dich in Anspruch nehmen. So lasse nicht zu, dass du ungerecht behandelt, verletzt oder ausgenutzt wirst. Das »Nein« deines Inneren Kindes klingt dir wahrscheinlich schon länger in den Ohren. Versichere ihm, dass du selbst immer für es da sein wirst, dann findest du den Mut, Beziehungen und Situationen, die dich schädigen, hinter dir zu lassen. Niemand darf dich angreifen oder beschämen, ohne dass er die Klauen deines inneren Wächters zu spüren bekommen sollte, und dein Inneres Kind weiß das. Erinnere dich an seine natürliche Kraft, die natürlichen Impulse. Ein unverletztes Kind wehrt sich oder läuft weg, wenn es angegriffen wird. Zu gehen oder sich zur Wehr zu setzen, ist manchmal einfach eine gute Idee. Diese Karte bittet dich darum, die Opferrolle zu verlassen.

32 Ich darf die Sterntaler, die das Leben mir schenkt, aufheben und behalten.

Der Strom der Fülle ist unbegrenzt, und je weiter du dich selbst für ihn öffnest, desto mehr fließt auf die Erde.

Erlaubst du dir, Fülle anzunehmen und Geschenke, die dir das Leben vor die Füße legt, aufzuheben? Vielleicht glaubst du, dass du anderen etwas wegnimmst, wenn du dir Fülle und Glück zugestehst, aber das stimmt nicht. Der Strom der Fülle ist unbegrenzt, und je weiter du dich selbst für ihn öffnest, desto mehr fließt auf die Erde. Erinnere dich daran, dass die Sterntaler von oben kommen, von Gott, aus dem Licht, der Liebe oder deiner Seele. Du nimmst sie niemandem weg, sondern sie entstehen wieder neu und dienen nur dir. Wenn du sie nicht aufhebst, dann nutzen sie nichts, denn die Fülle ist genau an dich angepasst. Damit sie fließt, braucht es deine Energie und deine Fähigkeiten. Für andere Menschen sind deine Sterntaler wenig dienlich, denn sie fallen nur für dich vom Himmel. So hebe sie auf. Wie das kleine Sterntalermädchen, das alles verschenkt, aber genauso selbstverständlich alles nimmt, was es selbst geschenkt bekommt, so darfst auch du in den freien Fluss von Geben und Nehmen eintauchen.

33 Ich darf »Ich weiß es nicht.« sagen.

Manchmal ist es hilfreicher, die Frage selbst im Raum stehen zu lassen, als zu schnell eine für den anderen befriedigende Antwort zu finden.

Gehörst du zu den Menschen, die für alles und jeden eine Lösung parat haben oder glauben, eine Antwort auf jede Frage kennen zu müssen? Dein Inneres Kind findet das womöglich ein wenig ermüdend, denn dieses Verhalten setzt dich unter einen großen Druck. Es ist ein Ausdruck von Coabhängigkeit, zu glauben, dass du für alles und jedes eine Lösung oder Antwort finden und die Dinge für andere in Ordnung bringen musst. Besonders wenn du lehrend tätig bist oder beruflich andere Menschen berätst, ist es schwierig oder fast unmöglich, Wissenslücken oder eine gewisse Ratlosigkeit zuzugeben. Dein Inneres Kind bittet dich, die Maske der Allwissenheit vom Gesicht zu nehmen und wieder menschlich zu sein. Vielleicht hast du Angst davor, nicht geliebt zu werden oder als Versager dazustehen, wenn du selbst ratlos bist. Das Leben ist nicht kontrollierbar, und es gibt Fragen, auf die es keine einfache Antwort zu geben scheint. Manchmal ist es hilfreicher, die Frage selbst im Raum stehen zu lassen, als zu schnell eine für den anderen befriedigenden Antwort zu finden. Und manchmal musst du es anderen Menschen zutrauen, ihre eigene Antwort zu finden. Es wird dir guttun, denn du selbst leidest sicherlich mehr unter dem Anspruch, alles wissen zu müssen, als dir womöglich bewusst ist.

34 Ich darf in meinem eigenen Kraftstrahl stehen.

Du hast lange genug zur Verfügung gestanden und darfst anderen ihr eigenes Schicksal zumuten – damit du deinen eigenen Weg gehen kannst.

Bist du es gewohnt, dich zu verbiegen und es anderen recht zu machen, so sehr vielleicht, dass du gar nicht weißt, wie sich deine eigene Energie anfühlt? Vielleicht hattest du noch nie die Erlaubnis, tatsächlich dein Leben zu leben und deinen eigenen Ideen und Impulsen zu folgen, weil du sehr früh Verantwortung für andere getragen und ihre Aufgaben übernommen hast. Dein Inneres Kind bittet dich darum, damit aufzuhören und deine eigene Energie wieder zu nutzen, denn deshalb bist du zur Erde gekommen. So stelle dir vor, wie aus dem unermesslich großen Reich deiner Seele ein Lichtstrahl auf die Erde fällt und einen Lichtfleck vor dir auf dem Boden bildet. Stelle dich in Gedanken oder auch körperlich in diesen Lichtstrahl hinein. Er enthält alles, was du brauchst, um deinen eigenen irdischen Weg zu gehen und zu meistern. Lasse dich von seiner Kraft durchströmen. Alles, was nicht zu dir gehört, kann nun von dir abfallen und sanft zurückkehren in das Energiefeld, in das es gehört. Besonders die Lasten und Aufgaben, die du für andere trägst und erfüllst, strömen zum Schutzengel der Person oder des Kollektivs, für das du sie trägst. Du hast lang genug zur Verfügung gestanden und darfst anderen ihr eigenes Schicksal zumuten – damit du dein eigenes erfüllen kannst.

35 Ich kann einen Schutzengel für mein neues Projekt rufen.

Öffne deinen inneren Kanal ein Stück weiter und sieh, wie mehr Energie in Form von Farben oder Licht in dich einfließt und durch dich hindurchströmt.

Beginnst du gerade etwas Neues, oder wird es Zeit, dass einige Bereiche deines Lebens, die du vernachlässigt hast, endlich ins Fließen kommen? Wisse, dass jedes Projekt und jeder Lebensbereich Energie braucht, um kraftvoll zu fließen. Wenn ein Lebensbereich nicht richtig fließt, deine Angelegenheiten immer wieder ins Stocken geraten, dann kann es sein, dass deine Energie nicht ausreicht, um alle deine Wirkungsfelder zu versorgen. Stelle dir das wie eine Quelle vor: Nur eine bestimmte Menge Wasser fließt aus ihr hinaus und versorgt nur die Bereiche, für die das Wasser ausreicht. Glücklicherweise können wir jederzeit unsere Energie erhöhen: Wenn du also einen Bereich deines Lebens auf der Erde verwirklichen willst, ohne die Energie von einer anderen Stelle abzuziehen, dann bitte einfach einen Schutzengel für dein Projekt auf die Erde. Öffne deinen inneren Kanal ein Stück weiter, und sieh, wie mehr Energie in Form von Farben oder Licht in dich einfließt und durch dich hindurchströmt. Stelle dir vor, es gäbe im Inneren der Erde ein Herz, es zieht dich und deine Seelenenergie sanft, aber stabil auf die Erde. Du spürst diese Kraft und sie fühlt sich sehr gut an. Sie lässt dich frei und hält dich dennoch sicher am Boden. Nun beginnt das Herz der Erde, einen weiteren Strahl deiner Seele auf die Erde zu ziehen, den Strahl, den du für dein neues Projekt brauchst. Du öffnest dich mehr und mehr für die Strahlen/die Energie, nimmst vielleicht die Farbe oder die Qualität deiner Energie wahr – mehr gibt es nicht zu tun.

36 Ich darf das Drama loslassen und dem Fluss des Lebens vertrauen.

Lasse deinen womöglich aufgepeitschten Emotionalkörper für heute los, und höre auf dein Herz.

Es kann sein, dass du dich ein wenig zu sehr in emotionale Dramen verwickeln lässt und ein bisschen Abstand ganz sinnvoll wäre. Lass deinen womöglich aufgepeitschten Emotionalkörper für heute los, und höre auf dein Herz. Hier findest du die nötige Ruhe, mit der du Situationen einschätzen und beurteilen kannst. Überprüfe, was tatsächlich stattfindet, welche Energien wirken und welche Energien du nicht wahrnimmst. Es gibt Menschen, die geradezu süchtig nach emotionalen Dramen sind. Das Drama wirkt wie eine Art Lebensersatz, es hat nichts mit dem echten Fluss der Energien zu tun und hindert dich nur daran, Verantwortung zu tragen, deine eigenen Anteile zu erkennen und entsprechend zu handeln. So fordert dich dein Inneres Kind auf, einmal loszulassen, durchzuatmen und zu erkennen, was in Wahrheit stattfindet. So wirst du wieder handlungsfähig. Vielleicht zeigt dir dein Inneres Kind auch, dass ein wenig Abstand zu Menschen, die dich in ihr Drama hineinziehen möchten, notwendig ist, das spürst du selbst am besten. Bleibe in deiner Klarheit, und erlaube weder dir selbst noch anderen, dich in ein Suchverhalten hineinzuziehen.

37 Ich bin frei, Gott für mich zu finden.

Bitte die ordnende, schöpferische, universelle Kraft, sich dir zu zeigen, so wie sie sich in deinem System anfühlt.

Möglicherweise fühlst du dich dem Himmel fern und glaubst an einen strafenden Gott, der eher strengen Eltern entspricht, als der allumfassenden Liebe des Universums. Vielleicht hat der Gott, den du bislang kanntest, nicht dein Bestes im Sinn, sondern fordert ausschließlich Wohlverhalten und Gehorsam. Vielleicht hast du gar Angst vor einer Strafe, wenn du dich einmal frei den eigenen Impulsen hingibst. Diese Karte zeigt dir, dass deine Entwicklung zurzeit durch dieses Gottesbild eher behindert als gefördert wird. Es wird Zeit, die allumfassende Liebe und die unbestechliche göttliche Ordnung kennenzulernen, die dich trägt und der du vertrauen darfst. Es ist für deine Entfaltung wichtig, dass du dieses verletzliche kindliche Bild loslässt und dir erlaubst, die nährende, heilende und zutiefst ordnende, harmonische Energie des Universums für dich anzunehmen. Wie du diese Kraft nennst, ist vollkommen egal, vielleicht magst du lieber »göttliche Ordnung«, »Universum« oder einfach »das Licht« sagen. Bitte die ordnende, schöpferische, universelle Kraft, sich dir zu zeigen, so, wie sie sich in deinem System anfühlt. Es kann sehr friedlich, aber auch aufregend und belebend sein, lasse dich überraschen. Finde ein Wort, das sich für dich gut anfühlt, und erlaube dem Universum, sich dir auf die Weise zu zeigen, die dir entspricht.

38 Ich darf an Wunder glauben.

Wunder sind die Antworten Gottes, nicht die des Verstandes.

Jetzt hilft nur noch ein Wunder, glaubst du? Nun, dann sollst du eines haben! Wunder sind die göttliche Antworten auf irdische Fragen. Sie finden in einer anderen Dimension statt und gehorchen den Gesetzen der Liebe, der kosmischen Ordnung und der Heilung. Das Einzige, was es für dich zu tun gibt, ist: Halte es für möglich. Wunder sind die Antworten

Gottes, nicht die des Verstandes. Dein Verstand erzählt dir nur das, was er schon kennt, deshalb fühlst du dich vielleicht so mutlos. Du musst Wunder weder verstehen noch verdienen. In Wahrheit gibt es nämlich keine »Wunder«, sondern nur Antworten in höheren Dimensionen. Auch Wunder unterliegen den geistigen Gesetzen. Wenn du das weißt, kannst du sie vielleicht leichter für möglich halten. Bitte also um ein Wunder, und erlaube der göttlichen Ordnung, ihre Antworten selbst zu finden. Mache dir bewusst, dass du diese Antworten nicht kennst. Ein Wunder kann auch darin bestehen, dass du selbst auf einmal anders mit den Dingen und Situationen umgehst. Dein Inneres Kind erinnert dich daran, dass es an Wunder glaubt.

39 Ich darf die geistigen Gesetze einhalten und andere daran erinnern.

Du selbst kannst sehr viel dazu beitragen, dass die göttliche Ordnung in ihrem lichtvollen, dem Leben dienlichen Ausdruck wirksam wird.

Du bist möglicherweise in einer Situation gefangen, in der du anderen erlaubst, dich lieblos zu behandeln. Vielleicht spürst du auch eine Art heiligen Zorn, wenn andere ausgebeutet werden, oder wirst wütend, wenn du dir den Zustand der Welt betrachtest – und weil du das nicht aushältst, verschließt du womöglich die Augen und stellst dich taub und blind? Wenn wir erkennen, dass andere die geistigen Gesetze der Liebe, des Mitgefühls, der Fülle, der Klarheit und der Aufrichtigkeit nicht einhalten, spüren wir den existenziellen Schmerz, von unserer geistigen Heimat getrennt zu sein. Schicke Licht in die Situationen, bei denen du spürst, dass Licht fehlt. Bitte die Schutzengel derer, die sich als Opfer zur Verfügung gestellt haben, aber auch die Schutzengel der Täter, Licht und Segen und Liebe einfließen zu lassen. Würdige das Schicksal anderer, indem du dich innerlich vor ihnen verneigst und die Worte sagst: »Ich achte dein Schicksal.« Du selbst kannst sehr viel dazu beitragen, dass die göttliche Ordnung in ihrem lichtvollen, dem Leben dienlichen Ausdruck wirksam wird. Es genügt manchmal, der Seele des anderen die Worte »Ich sehe dich« zu sagen, präsent zu sein und ihm zu signalisieren, dass seine Lieblosigkeit nicht unbemerkt bleibt. Dein Inneres Kind fordert dich auf, »Farbe zu bekennen«, dich zu zeigen, deinen Unmut und deinen Ärger oder auch deine Ohnmacht auszudrücken und entsprechend zu handeln.

40 Ich weiß, ich bin ein Schöpfer meiner Wirklichkeit, und ich erlaube mir, meine schöpferische Energie zu nutzen.

Dein Inneres Kind fordert dich auf, eine höhere Sicht der Dinge einzunehmen und dich auf deine Kraft zu besinnen.

Hast du manchmal das Gefühl, dass der Fluss deiner Schöpferkraft ins Stocken geraten ist? Dein Inneres Kind fordert dich auf, eine höhere Sicht der Dinge einzunehmen und dich auf deine Kraft zu besinnen. Du magst dich vielleicht als Opfer fühlen, aber zum Schöpfersein gehört auch, um Gelassenheit zu bitten. Du kannst möglicherweise im Außen wenig ändern, zumindest im Moment – aber du kannst die Verantwortung für deine Energie zu dir zurückholen. Du kannst um inneren Frieden und die Gelassenheit bitten, die Dinge hinzunehmen, die du nicht ändern kannst. Möglicherweise scheust du dich vor dem nächsten Schritt und nutzt deshalb deine Schöpferkraft nicht? Dann schöpfe Mut, und bitte um Gelegenheiten, dich Schritt für Schritt auf dein Ziel hinzubewegen. Diese Karte fordert dich auf, deine innerliche, vielleicht passive Haltung zu verlassen, dich bewusst neu auszurichten und deine Kanäle für alles Gute zu öffnen. Bitte um einen inneren Zustand von Frieden und Gelassenheit.

41 **Ich bin ein strahlendes Kind Gottes, voller Licht und Liebe, und ich handle entsprechend.**

Das Innere Kind erinnert dich daran, was du in Wahrheit bist: ein Funke der göttlichen Kraft, der sich ausdrücken und zeigen will und der wirksam sein möchte.

Hast du vergessen, dass deine Liebe und Zuwendung für andere wichtig sind? Glaubst du, dass es keinen Unterschied macht, ob du dein Licht strahlen lässt oder nicht? Bist du entmutigt und irgendwie müde? Das Innere Kind erinnert dich daran, was du in Wahrheit bist: ein Funke der göttlichen Kraft, der sich ausdrücken und zeigen will und der wirksam sein möchte. Tue nur heute so, als wüsstest du, dass dein Strahlen und deine Liebe auf diesem Planeten gebraucht werden. Handle nur heute so, als wäre dein Licht ein Zaubermittel, mit dem du das Licht anderer Menschen entzünden kannst. Tue bitte nur heute so, als ergäbe es tatsächlich einen Unterschied für uns alle, wenn du präsent und voller Liebe anwesend bist. Selbst wenn du die Hoffnung längst aufgegeben hast – tue nur heute so, als wärst du ein Teil der göttlichen Kraft, ein menschlicher Engel, der das Licht und die Liebe der Schöpfung zur Erde bringen möchte. Kümmere dich nicht um die Reaktionen der anderen. Willst du das tun, nur an diesem Tag? Dein Inneres Kind und wir alle danken dir aus ganzem Herzen für dein Licht.

42 Ich kann meine Flügel öffnen und mich an Leichtigkeit und Freude erinnern.

Gehe davon aus, dass du auf die Erde gekommen bist, um uns das Licht und das Mitgefühl der Engel zu bringen. Es ist wunderschön, dass du da bist.

Wenn du diese Karte ziehst, dann ist dir alles vielleicht ein bisschen zu schwer geworden und du sehnst dich nach deiner geistigen Heimat. Lasse dich daran erinnern, dass auch du zu den menschlichen Engeln gehörst, dass du in Wahrheit wunderschöne Flügel hast und dass es Zeit wird, diese Flügel zurückzuerhalten. Schließe die Augen, und bitte deine Schutzengel, dir deine Flügel zurückzugeben. Du spürst vielleicht ein Kribbeln zwischen den Schulterblättern oder richtest dich plötzlich auf. Gehe davon aus, dass du auf die Erde gekommen bist, um uns das Licht und das Mitgefühl der Engel zu bringen. Es ist wunderschön, dass du da bist.

43 Ich kann lernen durchzuhalten.

Gib nicht auf, dein Schutzengel ist an deiner Seite.

Diese Situation lehrt dich durchzuhalten. Was auch immer du gerade erlebst, du wirst es durchstehen und du darfst lernen, dir selbst dabei hilfreich zur Seite zu stehen. Du sollst nicht lernen, Leid zu ertragen oder immer die Opferrolle einzunehmen, sondern ganz wach, bewusst fühlend und mit allen Sinnen wahrnehmend anwesend zu bleiben. So stehe dir selbst zur Seite, sprich dir Mut zu, und mache weiter. Du gehst vielleicht einen schwierigen Weg oder erlebst gerade eine Durststrecke – gehe weiter, jeden Tag, Schritt für Schritt. Gib nicht auf, dein Schutzengel ist an deiner Seite. Dein Inneres Kind kann genau das, jeden Tag einen Schritt weitergehen. So wie du laufen gelernt hast, kannst du nun auch beharrlich weitergehen, hinfallen und wieder aufstehen. Der Unterschied zwischen sogenannten Gewinnern und Verlierern ist folgender: Der Gewinner ist ein Mal öfter aufgestanden. Tue, was es heute zu tun gibt, und bleibe innerlich anwesend und präsent. Dein Inneres Kind trägt die Kraft dazu in sich. Sprich dir Mut zu, und richte dich auf dein Ziel aus – und dann gehe den einen Schritt weiter. So wirst du dein Ziel erreichen.

44 Ich kann meine Energie ausrichten.

Dein Inneres Kind fordert dich auf, deine Absichten und Ziele ganz klar zu formulieren.

Wünsche ans Universum zu richten, ist immer eine gute Idee – dein Inneres Kind fordert dich auf, deine Absichten und Ziele ganz klar zu formulieren und eine Entscheidung zu treffen. Womöglich befindest du dich gerade in einer unklaren oder unbefriedigenden Situation. Nimm dir etwas zum Schreiben, und entwirf eine Vision. Konzentriere dich, und lasse die ideale Situation in dir aufsteigen. Wiederhole ein paar Mal den Satz: »Wenn ich ›Ja‹ sage zu meinen Wünschen, dann …«, und schaue, welche Ideen und inneren Wahrheiten in dir aufsteigen. Erlaube deinem Höheren Selbst, dir zu zeigen, was du wirklich willst und brauchst. Dann entscheide dich dafür, genau das zu verwirklichen, auch wenn du noch nicht weißt, wie es gehen soll. Diese Karte fordert dich zu einer Entscheidung auf. Nimm die Verantwortung für dein Leben in deine Hände, und nimm dich selbst mit allem ernst, was durch dich auf die Erde kommen möchte. Falls du auf deinem Weg spürst, dass sich dein Ziel verändert, dann gehört auch das zu deinem Weg. Der Weg richtet sich selbst aus, wenn du ihn gehst. Das ist deine heilige Aufgabe auf der Erde.

45 Ich darf meine Angelegenheiten zurück in die Hände legen, in die sie gehören – in die Hände Gottes.

Dein Inneres Kind bittet dich, Gott alles zurückzugeben, was er dir jemals zugemutet hat, damit du frei wirst und unbeschwert durch das Leben tanzen kannst.

Sicherlich trägst du eine schwere Bürde, die Bürde all deiner Erfahrungen. Es ist nun an der Zeit, all dies hinter dir zu lassen. Wohin könntest du diese Last besser abgeben als in die Hände Gottes? Dein Inneres Kind bittet dich, Gott alles zurückzugeben, was er dir jemals zugemutet hat, damit du frei wirst und unbeschwert durch das Leben tanzen kannst. So schließe deine Augen, stelle dir schöne, große und warme Hände vor, die Hände Gottes. Vielleicht nimmst du dieses Energiefeld auch anders wahr. Schaue nun in dich hinein, auf alles, was sich in dir angesammelt hat. Du entdeckst in dir Symbole, schwere Steine, ein zerbrochenes Herz, die zähe Masse der Enttäuschung oder eine Krankheit – lege alles, was du in dir findest, vertrauensvoll in diese Hände. Vielleicht bist du sogar ein bisschen wütend über das, was dir Gott aufgebürdet hat, obwohl du es vom Verstand her besser weißt. Lasse auch dieses Gefühl zu, und lege es in seine Hände. Nun bitte Gott, all deine Lasten in das zu verwandeln, was du durch sie lernen solltest, nämlich Gelassenheit, Mitgefühl,

Akzeptanz, Durchhaltevermögen und Selbstvertrauen. Bitte besonders um eine andere Sichtweise. Dies erlöst dich aus der Schwere, die dich sicherlich schon länger begleitet.

46 Ich kann die Dinge mit den Augen eines Engels betrachten.

Dein Inneres Kind weiß, dass es ein Engel ist und mit dem Herzen schauen kann, hinter die Dinge und über sie hinaus.

Es wird Zeit, dich daran zu erinnern, dass du ein geistiges Wesen bist, möglicherweise gar ein Engel. Dich kleiner zu fühlen und zu machen, als du es bist, ergibt keinen Sinn mehr, denn deine Liebe, dein Mitgefühl und deine Kraft werden gebraucht. Lebe und handle deiner Größe entsprechend aus dem Herzen heraus, voller Liebe und Mitgefühl für andere, aber erst recht dir selbst gegenüber. Betrachte die Situation mit den Augen eines Engels. Urteile nicht, sondern verstehe, besonders wenn es um dich geht. Du neigst vielleicht dazu, zu urteilen und vor allem dir selbst nicht vergeben zu können. Dein Inneres Kind weiß, dass es ein Engel ist und mit dem Herzen schauen kann, hinter die Dinge und über sie hinaus. Dieses liebevolle Mitgefühl darfst du in die Welt fließen lassen. So kannst du dich und auch andere Menschen trösten und auf einen neuen Weg führen. Mehr brauchst du nicht zu tun.

47 Ich bin geborgen in den Armen meiner Seeleneltern.

Deine Seeleneltern haben genau die Liebe und Kraft, die dein Inneres Kind braucht, damit es sich vollkommen sicher und geborgen fühlt.

Wie wir Seelenpartner und Seelenverwandte haben, so hat das Innere Kind Seeleneltern, die es behüten und beschützen. Immer wenn du dich einsam fühlst, von einem Partner oder Freund zu stark abhängig bist, oder besonders wenn du eine Trennung erlebst, bitte deine geistigen Seeleneltern zu dir, damit sie sich deines Inneren Kindes annehmen. Deine Seeleneltern haben genau die Liebe und Kraft, die dein Inneres Kind braucht, damit es sich vollkommen sicher und geborgen fühlt. Sie sind für dich da und wachen über deine Entwicklung, sie behüten dich und geben dir den Raum, in dem du dich entfalten kannst. Wenn du diese Karte ziehst, ist es Zeit, dich an deine Seeleneltern zu erinnern und sie in einer Meditation zu dir zu bitten. Wie auch immer dein Leben gerade aussieht, du brauchst im Moment besonders viel Geborgenheit und Schutz, um deinen Weg weiterzugehen. Dein Inneres Kind braucht die Geborgenheit und die Liebe deiner Seeleneltern. Erst dann kann es dir die Freiheit schenken, dem zu folgen, was sich für dich richtig anfühlt, selbst wenn es »Trennung« bedeutet.

48 Ich darf die Lasten meiner Ahnenreihe zurück in das Licht der Liebe geben.

Dein Inneres Kind will dich daran erinnern, dass du auch auf die Erde gekommen bist, um dafür zu sorgen, dass das gemeinsame Schicksal deiner Ahnen beendet wird.

Es kann sein, dass du bewusst oder unbewusst ein Schicksal mit deinen Ahnen teilst, sei es in der Linie deines Vaters, in der deiner Mutter oder in den beider. Dein Inneres Kind will dich daran erinnern, dass du auch auf die Erde gekommen bist, um dafür zu sorgen, dass dieses Schicksal zurück in das Licht der Liebe gegeben wird. Stelle dir dazu vor, wie du mit all deinen Ahnen in einem Kreis um ein Lagerfeuer sitzt. Der Älteste sagt dir, dass du ein schweres Schicksal für alle trägst, auch wenn es dir nicht bewusst sein mag. Er bittet dich darum, diese schwere Last an deine Mutter oder an deinen Vater zurückzugeben. Sie geben die Bürde dann an ihre Eltern zurück, und so geht die schwere Last reihum, bis sie beim Ältesten angekommen ist. Alles, was deine Ahnenlinie getragen hat, liegt nun in den Händen des Ältesten. Er wirft diese Bürde in das Feuer, es lodert hell auf und verbrennt die Last. All die Lebenskraft, die Liebe und das Glück, die in dieser Bürde gefangen waren, werden nun frei und strömen in deine ganze Ahnenreihe –

und natürlich auch in dich. Wenn du Kinder, Neffen oder Nichten hast, bitte sie, dir die Lasten, die sie bereits für die Ahnenreihe tragen, zurückzugeben. Gib auch diese Bürde zurück. Sieh, wie deine Ahnenlinie und deine Sippe frei werden von allem, was sie getragen haben, und wie das Leben in deine Linie zurückkehrt. Die Seelen derer, die nicht mehr auf der Erde weilen, können endlich ins Licht der Liebe aufsteigen. Sei gewiss, dass sie dich und deinen Weg mit ihrer Liebe und Dankbarkeit segnen.

49 Ich darf aktiv und bewusst vergeben. Aber ich darf auch entscheiden, einfach in Frieden zu sein.

Frieden fließt in dich, wenn du es erlaubst und wenn du bereit bist, den Groll hinter dir zu lassen, auch wenn du noch nicht weißt, wie das geschehen soll.

Was ist der Unterschied zwischen »Vergebung« und »In Frieden sein mit …«? Dein Inneres Kind kennt die Antwort. Manchmal kann es aber nicht vergeben, weil der Schmerz zu groß ist, und das braucht es dann auch nicht. Wenn du so stark verletzt wurdest, dass dir Vergebung wie Hohn erscheint und dass du spürst, dass du nicht zur Vergebung bereit bist, bitte darum, in Frieden mit der Situation zu kommen. Stelle dir vor, dass es einen Platz des inneren Friedens ganz in deiner Nähe gäbe, an dem Frieden wie ein Lichtstrahl auf die Erde fällt. Trete bewusst auf diesen Platz, dorthin, wo du den Frieden wahrnimmst. Stelle dich in den Frieden hinein, und erlebe, wie er dich durchströmt. Wenn du das nicht kannst, dann fühle dich noch einmal in die schmerzhafte Situation ein und sage dir selbst laut den Satz: »Ich bin bereit, mit dieser Situation in Frieden zu kommen.« Du brauchst nicht zu wissen, wie das geschehen soll. Frieden ist eine Energie und eine Kraft wie ein Licht. Er fließt in dich, wenn du es erlaubst und wenn du bereit bist, den Groll hinter dir zu lassen. Die Vergebung ist vergleichbar mit einem Werkzeug, das du aktiv nutzen kannst, um in Frieden zu kommen. Manchmal lässt sich dieses Werkzeug aber nicht gebrauchen, weil das Innere Kind vielleicht nicht vergeben kann. Für einige womöglich sehr verletzte Anteile deines Inneren Kindes oder deiner Psyche ist es wirklich eine Zumutung, vergeben zu müssen. Dein Inneres Kind ist aber immer bereit, in Frieden zu kommen. Es erinnert dich daran, dass du es in den Raum des Friedens führen kannst und darfst – dort kann es heilen.

Über die Autorin

Susanne Hühn ist ausgebildete Lebensberaterin, ganzheitliche Physiotherapeutin und erfolgreiche Autorin spiritueller Selbsthilfebücher. Seit 1986 begleitet sie Menschen auf deren Weg zur Gesundung. Ihre mittlerweile in großer Zahl veröffentlichten Sachbücher und CDs gehören zu den Bestsellern des Schirner Verlags. Ihr Wissen vermittelt sie zudem in Vorträgen und Seminaren im In- und Ausland sowie in zahlreichen Online-Seminaren.

Besuchen Sie die Autorin auf ihrer Homepage:
www.susannehühn.de

Weitere Titel von Susanne Hühn zum Inneren Kind

Schirner Verlag

Die Heilung des Inneren Kindes
Meditationen zur Befreiung des Selbst

ca. 147 Min.
ISBN 978-3-8434-8115-1

Verletzungen des Inneren Kindes bestimmen häufig unser Leben, hemmen uns, lassen uns aus Angst und Scham unser eigentliches Selbst verleugnen.
Die erfahrene Therapeutin Susanne Hühn leitet uns mithilfe liebevoller Meditationen zu den Wurzeln unserer Unsicherheiten, damit wir die alten Verletzungen erkennen und heilen können. Dann steht einem Leben voller Kraft, Freude und Zuversicht nichts mehr im Wege.

Die Heilung des Inneren Kindes
Sieben Schritte zur Befreiung des Selbst

272 Seiten
ISBN 978-3-8434-1298-8

Jeder von uns trägt ein Inneres Kind in sich. Es begleitet uns unser Leben lang und hat schmerzhafte Erfahrungen, die uns selbst nicht mehr bewusst sind, nie vergessen. Wenn wir Süchte, Ängste oder Vermeidungsstrategien entwickeln, hängt das meist sehr eng mit dem verletzten Inneren Kind zusammen. Doch wie können wir mit ihm in Kontakt treten und ihm das geben, was es braucht?
Die erfahrene Therapeutin Susanne Hühn zeigt Wege auf, wie wir unseren kindlichen Anteil kennen- und verstehen lernen und somit bewusster und handlungsfähiger werden. Sie beschreibt die verschiedenen Formen emotionaler Verletzung und stellt uns zahlreiche Übungen vor, mit denen es uns gelingt, unser Inneres Kind liebevoll und achtsam in die Heilung zu führen. Dann kann es seine Fantasie und Lebensfreude in unser Leben hineinstrahlen lassen.